# DEI VERBUM

CONCÍLIO VATICANO II

# DEI VERBUM

Paulinas

© Amministrazione del Patrimonio della Santa Sede Apostolica
© Dicastero per la Comunicazione - Libreria Editrice Vaticana, 1966
Tradução autorizada por © Conferência Nacional dos Bispos do Brasil

19ª edição – 2011
11ª reimpressão – 2024

Revisado conforme a nova ortografia

*Nenhuma parte desta obra poderá ser reproduzida ou transmitida por qualquer forma e/ou quaisquer meios (eletrônico ou mecânico, incluindo fotocópia e gravação) ou arquivada em qualquer sistema ou banco de dados sem permissão escrita da Editora. Direitos reservados.*

Cadastre-se e receba nossas informações
paulinas.com.br
Telemarketing e SAC: 0800-7010081

**Paulinas**
Rua Dona Inácia Uchoa, 62
04110-020 – São Paulo – SP (Brasil)
✆ (11) 2125-3500
✉ editora@paulinas.com.br

© Pia Sociedade Filhas de São Paulo – São Paulo, 1966

**PAULO BISPO SERVO DOS SERVOS DE DEUS
EM UNIÃO COM OS PADRES
DO SAGRADO CONCÍLIO
PARA A PERPÉTUA MEMÓRIA**

# CONSTITUIÇÃO DOGMÁTICA SOBRE A REVELAÇÃO DIVINA

Proêmio

## Instrução do Concílio

**1.** Este Sagrado Concílio, ouvindo religiosamente e proclamando com desassombro a Palavra de Deus, obedece ao dito de São João: "Nós vos anunciamos esta Vida eterna, que estava voltada para o Pai e que nos apareceu: o que vimos e ouvimos, vo-lo anunciamos para que estejais também em comunhão conosco. E a nossa comunhão é com o Pai e com o seu Filho Jesus Cristo" (1Jo 1,2-3). Por isso, seguindo os Concílios Tridentino e Vaticano I, pretende propor a genuína doutrina sobre a Revelação Divina e a sua transmissão, para que, ouvindo o anúncio da salvação, o mundo inteiro creia, crendo espere, esperando ame.[1]

---

[1] Cf. Santo Agostinho, De catechizandis rudibus, c. IV, 8: PL 40, 316.

# Capítulo I
# A REVELAÇÃO

## Natureza e objeto da Revelação

**2.** Aprouve a Deus, na sua bondade e sabedoria, revelar-se a si mesmo e dar a conhecer o mistério da sua vontade (cf. Ef 1,9), mediante o qual os homens, por meio de Cristo, Verbo encarnado, têm acesso no Espírito Santo ao Pai e se tornam participantes da natureza divina (cf. Ef 2,18; 2Pd 1,4). Em virtude desta Revelação, Deus invisível (cf. Cl 1,15; 1Tm 1,17), no seu imenso amor, fala aos homens como a amigos (cf. Ex 33,11; Jo 15,14-15) e conversa com eles (cf. Br 3,38), para os convidar e admitir a participarem da sua comunhão. Esta "economia" da Revelação executa-se por meio de ações e palavras intimamente relacionadas entre si, de tal maneira que as obras, realizadas por Deus na história da salvação, manifestam e corroboram a doutrina e as realidades significadas pelas palavras, enquanto as palavras declaram as obras e esclarecem o mistério nelas contido. E a verdade profunda, tanto a respeito de Deus como a respeito da salvação dos homens, manifesta-se-nos por meio desta Revelação no Cristo, que é, simultaneamente, o mediador e a plenitude de toda a Revelação.[2]

## Preparação da Revelação evangélica

**3.** Deus, criando e conservando todas as coisas pelo Verbo (cf. Jo 1,3), oferece aos homens um testemunho perene de si mesmo na criação (cf. Rm 1,19-20) e, além disso, decidindo abrir o caminho da salvação sobrenatural, manifestou-se a si mesmo desde o princípio, aos nossos primeiros pais. Depois da queda destes, juntamente com a promessa da redenção deu-lhes a esperança da salvação (cf. Gn 3,15), e cuidou continuamente do gênero humano, para dar a vida eterna a todos aqueles que, perseverando na prática das boas obras, procuram a salvação (cf. Rm 2,6-7). No devido tempo, chamou Abraão, para fazer dele um grande povo (cf. Gn 12,2-3), ao qual, depois dos patriarcas, ele ensinou, por meio de Moisés e dos profetas, a reconhecer em si o único Deus vivo e verdadeiro, o Pai providente e o juiz justo, e a esperar o Salvador prometido; assim preparou, através dos tempos, o caminho ao Evangelho.

---

[2] Cf. Mt 11,27; Jo 1,14.17; 14,6; 17,1-3; 2Cor 3,16 e 4,6; Ef 1,3-14.

## Cristo completa a Revelação

**4.** Depois de ter falado muitas vezes e de muitos modos pelos profetas, falou-nos Deus ultimamente, nestes nossos dias, por meio de seu Filho (Hb 1,1-2). Enviou o seu Filho, isto é, o Verbo eterno, que ilumina todos os homens, para habitar entre os homens e explicar-lhes os segredos de Deus (cf. Jo 1,1-18). Jesus Cristo, Verbo feito carne, enviado "como homem aos homens",[3] "fala", portanto, "as palavras de Deus" (Jo 3,34) e consuma a obra de salvação que o Pai lhe mandou realizar (cf. Jo 5,36; 17,4). Por isso, ele – ao vê-lo se vê também o Pai (cf. Jo 14,9) –, com toda a presença e manifestação da sua pessoa, com palavras e obras, sinais e milagres, e sobretudo com a sua morte e gloriosa ressurreição dentre os mortos, enfim com o envio do Espírito de verdade, aperfeiçoa a Revelação completando-a, e confirma-a com um testemunho divino: o de termos Deus conosco para nos libertar das trevas do pecado e da morte, e para nos ressuscitar para a vida eterna.

Portanto, a "economia" cristã, como nova e definitiva aliança, jamais passará, e não se há de esperar nenhuma outra Revelação pública antes da gloriosa manifestação de nosso Senhor Jesus Cristo (cf. 1Tm 6,14; Tt 2,13).

---

[3] Epist. ad Diognetum, c. VII, 4: Funk, Patres Apostolici, I, p. 403.

## A Revelação acolhida com fé

5. A Deus que revela é devida a "obediência da fé" (cf. Rm 16,26; Rm 1,5; 2Cor 10,5-6); por ela, entrega-se o homem todo, livremente, a Deus, oferecendo "a Deus revelador o obséquio pleno da inteligência e da vontade"[4] e prestando voluntário assentimento à sua Revelação. Para prestar esta fé, é necessária a graça divina que se antecipa e continua a ajudar, e o auxílio interior do Espírito Santo, auxílio requerido para mover e converter a Deus os corações, abrir os olhos da alma, e dar "a todos a suavidade, no assentimento e na adesão à verdade".[5] Para entendermos cada vez mais profundamente a Revelação, o Espírito Santo aperfeiçoa sem cessar a fé mediante os seus dons.

## As verdades reveladas

6. Pela Revelação Divina quis Deus manifestar-se e comunicar-se a si mesmo e os decretos eternos da sua vontade a respeito da salvação dos homens, "para os fazer participar dos bens divinos, que superam absolutamente a capacidade da inteligência humana".[6]

---

[4] Conc. Vat. I, Const. dogm. De fide catholica, cap. 3 de fide: Denz. 1789 (3008).

[5] Conc. Araus. II, can. 7: Denz. 180 (377); Conc. Vat. I, l. c.: Denz. 1791 (3010).

[6] Conc. Vat. I, Const. dogm. De fide catholica, cap. 2 de revelatione: Denz. 1786 (3005).

Este Sagrado Concílio professa que Deus, princípio e fim de todas as coisas, "tornou-se inteligível pela luz natural da razão através das criaturas" (cf. Rm 1,20); mas ensina também que deve atribuir-se à sua Revelação "poderem todos os homens, mesmo na presente condição do gênero humano, conhecer com facilidade, firme certeza e sem mistura de erro o que, nas realidades divinas, não é de si inacessível à razão humana".[7]

---

[7] Ibid.: Denz. 1785 e 1786 (3004 e 3005).

## Capítulo II

# A TRANSMISSÃO DA REVELAÇÃO DIVINA

## Os Apóstolos e seus sucessores, arautos do Evangelho

7. Deus dispôs amorosamente que permanecesse íntegro e fosse transmitido a todas as gerações tudo quanto tinha revelado para a salvação de todos os povos. Por isso, Cristo Senhor, em quem se consuma toda a Revelação do Deus Altíssimo (cf. 2Cor 1,20; 3,16; 4,6), mandou aos Apóstolos que o Evangelho, objeto da promessa outrora feita pelos profetas que ele veio cumprir e que promulgou pessoalmente,[1] eles o pregassem a todos, como fonte de toda a verdade salutar e de toda a regra moral, e assim lhes comunicassem os dons divinos. Este mandato foi cumprido com fidelidade, quer pelos Apóstolos, que na sua pregação oral, com os exemplos da vida e com as instituições, por eles criadas, transmitiram aquilo que ou tinham recebido dos lábios, do trato e das obras de Cristo, ou tinham aprendido por

---

[1] Cf. Mt 28,19-20 e Mc 16,15. Conc. de Trento, sess. IV, decr. De canonicis Scripturis: Denz. 783 (1501).

inspiração do Espírito Santo, quer ainda por aqueles Apóstolos e varões apostólicos que, sob a inspiração do mesmo Espírito Santo, escreveram a mensagem da salvação.[2]

Porém, para que o Evangelho se conservasse perenemente íntegro e vivo na Igreja, os Apóstolos deixaram como seus sucessores os bispos, "transmitindo-lhes a sua própria função de ensinar".[3] Portanto, esta Sagrada Tradição, e a Sagrada Escritura dos dois Testamentos, são como que um espelho no qual a Igreja, peregrina na terra, contempla a Deus, de quem tudo recebe, até chegar a vê-lo face a face tal qual ele é (cf. 1Jo 3,2).

## A Sagrada Tradição

**8.** E, assim, a pregação apostólica, que se exprime de modo especial nos livros inspirados, devia conservar-se, por uma sucessão contínua, até à consumação dos tempos. Por isso, os Apóstolos, transmitindo o que eles mesmos receberam, advertem os fiéis a que mantenham as tradições que aprenderam quer por palavra, quer por escrito (cf. 2Ts 2,15), e a que lutem pela fé, recebida uma

---

[2] Cf. Conc. de Trento, 1. c.; Conc. Vat. I, sess. III, Const. dogm. De fide catholica, cap. 2, de revelatione: Denz. 1787 (3006).

[3] Santo Ireneu, Adv. Haer. III, 3, 1: PG 7, 848: Harvey, 2, p. 9.

vez para sempre (cf. Jd 3).[4] Ora, estas tradições, recebidas dos Apóstolos, abrangem tudo quanto contribui para a santidade de vida do povo de Deus e para o aumento da fé; assim a Igreja, na sua doutrina, vida e culto, perpetua e transmite a todas as gerações tudo aquilo que ela própria é e tudo quanto ela acredita.

Esta Tradição, que se origina dos Apóstolos, progride na Igreja sob a assistência do Espírito Santo.[5] Com efeito, cresce o conhecimento tanto das coisas como das palavras que constituem parte da Tradição, quer mercê da contemplação e do estudo dos crentes, que as meditam no seu coração (cf. Lc 2,19.51), quer mercê da íntima inteligência que experimentam das coisas espirituais, quer mercê da pregação daqueles que, com a sucessão do episcopado, receberam um seguro carisma de verdade. Isto é, a Igreja, no decurso dos séculos, caminha continuamente para a plenitude da verdade divina, até que nela se realizem as palavras de Deus.

As afirmações dos santos Padres testemunham a presença vivificadora desta Tradição, cujas riquezas entram na prática e na vida da Igreja que acredita e ora.

---

[4] Cf. Conc. de Niceia II: Denz. 303 (602); Conc. de Constantinopla IV, sess. X, can. 1: Denz. 336 (650-652).

[5] Conc. Vat. I, Const. dogm. De fide catholica, cap. 4 de fide et ratione: Denz. 1800 (3020).

Esta mesma Tradição mostra à Igreja quais são exatamente todos os Livros Sagrados [o cânone da Bíblia] e faz compreender mais profundamente, na Igreja, esta mesma Sagrada Escritura e torna-a operante sem cessar. Assim, Deus, que outrora falou, continua sempre a falar com a Esposa do seu amado Filho; e o Espírito Santo, pelo qual ressoa a voz viva do Evangelho na Igreja e, por ela, no mundo, introduz os crentes na verdade plena e faz com que a palavra de Cristo neles habite em toda a sua riqueza (cf. Cl 3,16).

## Relação mútua entre a Tradição e a Sagrada Escritura

**9.** A Sagrada Tradição, portanto, e a Sagrada Escritura estão estreitamente relacionadas entre si. Derivando ambas da mesma fonte divina, formam como que uma coisa só e tendem ao mesmo fim. Com efeito, a Sagrada Escritura é Palavra de Deus enquanto foi escrita por inspiração do Espírito Santo; a Sagrada Tradição, por sua vez, transmite integralmente aos sucessores dos Apóstolos a Palavra de Deus, confiada por Cristo Senhor e pelo Espírito Santo aos Apóstolos, para que os sucessores destes, com a luz do Espírito de verdade, a conservem, a exponham e a difundam fielmente na sua pregação; por consequência, não é só da Sagrada Escritura que a Igreja tira a sua certeza a respeito de todas as coisas reveladas. Ambas devem, portanto, ser recebidas e veneradas com igual afeto de piedade.[6]

## Relação da Tradição e da Sagrada Escritura com toda a Igreja e com o Magistério

**10.** A Sagrada Tradição e a Sagrada Escritura constituem um só depósito sagrado da Palavra de Deus, confiado à Igreja; mantendo-se fiel a este depósito, todo o povo santo, unido aos seus Pastores, persevera assiduamente na doutrina dos Apóstolos, na união fraterna, na fração do pão e nas orações (cf. At 2,42 gr.), de tal modo que, conservando, praticando e professando a fé transmitida, haja singular unidade de espírito entre os Pastores e os fiéis.[7]

Porém, o múnus de interpretar autenticamente a Palavra de Deus escrita ou contida na Tradição[8] só foi confiado ao Magistério vivo da Igreja,[9] cuja autoridade é exercida em nome de Jesus Cristo. Este Magistério não

---

[6] Conc. de Trento, Sess. IV, 1. c.: Denz. 783 (1501).

[7] Cf. Pio XII, Const. Apost. Munificentissimus Deus, 1 nov. 1950: AAS 42 (1950) 756; cf. as palavras de S. Cipriano, Epist. 6, 8: Hartel, III, B, p. 733: "A Igreja é o povo unido ao sacerdote e o rebanho unido ao seu Pastor".

[8] Cf. Conc. Vat. I, Const. dogm. De fide catholica, cap. 3 de fide: Denz. 1792 (3011).

[9] Cf. Pio XII, Encíclica Humani generis, 12 ago. 1950: AAS 42 (1950) 568-569: Denz. 2314 (3886).

está acima da Palavra de Deus, mas sim ao seu serviço, ensinando apenas o que foi transmitido, enquanto, por mandato divino e com a assistência do Espírito Santo, ouve a Palavra de Deus com amor, a guarda com todo o cuidado e a expõe fielmente, e neste depósito único da fé encontra tudo quanto propõe para se crer como divinamente revelado.

É claro, portanto, que a Sagrada Tradição, a Sagrada Escritura e o Magistério da Igreja, segundo o sapientíssimo plano de Deus, estão de tal maneira ligados e unidos que uma coisa sem as outras não se mantém, mas juntas, cada uma a seu modo, sob a ação de um só Espírito Santo, colaboram eficazmente para a salvação das almas.

## Capítulo III
# A INSPIRAÇÃO DIVINA E A INTERPRETAÇÃO DA SAGRADA ESCRITURA

### Inspiração e verdade na Sagrada Escritura

**11.** As coisas reveladas por Deus, que se encontram e manifestam na Sagrada Escritura, foram escritas por inspiração do Espírito Santo. Com efeito, a santa Mãe Igreja, por fé apostólica, considera como sagrados e canônicos os livros inteiros tanto do Antigo como do Novo Testamento, com todas as suas partes, porque, tendo sido escritos por inspiração do Espírito Santo (cf. Jo 20,31; 2Tm 3,16; 2Pd 1,19-21; 3,15-16), têm a Deus por autor e como tais foram confiados à própria Igreja.[1] Todavia, para escrever os Livros Sagrados, Deus escolheu homens, que utilizou na posse das faculdades e capacidades que tinham,[2] para que, agindo Deus neles e

---

[1] Conc. Vat. I, Const. dogm. De fide catholica, cap. 2 de revelatione: Denz. 1787 (3006); Decr. da Comissão Bíblica, 18 jun. 1915: Denz. 2180 (3629). EB 420; Carta do S. Ofício, 22 dez. 1923: EB 499.

[2] Cf. Pio XII, Carta enc. Divino afflante Spiritu, 30 set. 1943: AAS 35 (1943) 314; Enchir. Bibl. (EB) 556.

por meio deles,[3] pusessem por escrito, como verdadeiros autores, tudo aquilo e só aquilo que ele quisesse.[4]

Portanto, como tudo quanto afirmam os autores inspirados ou hagiógrafos se deve ter como afirmado pelo Espírito Santo, por isso mesmo havemos de crer que os Livros da Escritura ensinam com certeza, fielmente e sem erro a verdade relativa à nossa salvação, que Deus quis fosse consignada nas Sagradas Letras.[5] Por isso, "toda a Escritura é inspirada por Deus e útil para instruir, para refutar, para corrigir, para educar na justiça, a fim de que o homem de Deus seja perfeito, qualificado para toda boa obra" (2Tm 3,16-17 gr.).

## Interpretação da Sagrada Escritura

**12.** Como Deus na Sagrada Escritura falou por meio de homens e à maneira humana,[6] o intérprete da Sagrada Escritura, para saber o que ele quis comunicar-nos, deve investigar com atenção o que os hagiógrafos

---

[3] Para e pelo homem: cf. Hb 1,1 e 4,7 (para); 2Sm 23,2; Mt 1,22 e passim (pelo); Conc. Vat. I: Schema de doctr. cath., nota 9: Coll. Lac. VII, 522.

[4] Leão XIII, Carta enc. Providentissimus Deus, 18 nov. 1893: Denz. 1952 (3293); EB 125.

[5] Cf. Sto. Agostinho, Gen. ad litt., 2, 9, 20: PL 34, 270-271; Epist. 82, 3: PL 33, 277: CSEL 34, 2, p. 354; Santo Tomás, De Ver., 9, 12, a. 2 C; Conc. de Trento, Sess. IV, De canonicis Scripturis: Denz. 783 (1501); Leão XIII, Enc. Providentissimus: EB 121, 124, 126-127; Pio XII, Enc. Divino afflante Spiritu: EB 539.

[6] Santo Agostinho, De civ. Dei, XVII, 6, 2: PL 41, 537: CSEL XL, 2, 228.

realmente quiseram significar e aprouve a Deus manifestar por meio das palavras deles.

Para descobrir a intenção dos hagiógrafos, devem-se ter em conta, entre outras coisas, também os "gêneros literários". A verdade é proposta e expressa de modos diferentes, segundo se trata de textos históricos de várias maneiras, ou de textos proféticos ou poéticos ou ainda de outros modos de expressão. Importa, pois, que o intérprete busque o sentido que o hagiógrafo pretendeu exprimir e de fato exprimiu em determinadas circunstâncias, segundo as condições do seu tempo e da sua cultura, usando os gêneros literários então em voga.[7] Para entender retamente o que o autor sagrado quis afirmar por escrito, deve atender-se bem, quer aos modos peculiares de sentir, dizer ou narrar em uso nos tempos do hagiógrafo, quer àqueles que na mesma época costumavam empregar-se nos intercâmbios humanos.[8]

Mas, como a Sagrada Escritura deve ser lida e interpretada com a ajuda do mesmo Espírito que levou à sua redação,[9] ao investigarmos o sentido exato dos textos sagrados, devemos atender com diligência não

---

[7] Santo Agostinho, De doct. christ., III, 18, 26: PL 34, 75-76.
[8] Pio XII, l. c.: Denz. 2294 (3829-3830); EB 557-562.
[9] Cf. Bento XV, Enc. Spiritus Paraclitus, 15 set. 1920: EB 469; S. Jerônimo, In Gal 5, 19-21: PL 26, 417 A.

menor ao conteúdo e à unidade de toda a Escritura, tendo em conta a Tradição viva de toda a Igreja e a analogia da fé. Cabe aos exegetas, em harmonia com estas regras, trabalhar por entender e expor mais profundamente o sentido da Escritura, para que, mercê deste estudo dalgum modo preparatório, amadureça o juízo da Igreja. Com efeito, tudo quanto diz respeito à interpretação da Escritura está sujeito ao juízo último da Igreja, que tem o divino mandato e ministério de guardar e interpretar a Palavra de Deus.[10]

## A "condescendência" da sabedoria divina

**13.** Portanto, na Sagrada Escritura, salvas sempre a verdade e a santidade de Deus, manifesta-se a admirável "condescendência" da eterna sabedoria, "para que aprendamos a inefável benignidade de Deus e a grande acomodação que usou nas palavras, cuidadosamente solícito e providente quanto à nossa natureza".[11] Com efeito, as palavras de Deus, expressas em línguas humanas, tornaram-se intimamente semelhantes à linguagem humana, como já o Verbo do Eterno Pai, tomando a fraqueza da carne humana, se tornou semelhante aos homens.

---

[10] Cf. Conc. Vat. I, Const. dogm. De fide catholica, cap. 2 de revelatione: Denz. 1788 (3007).

[11] S. João Crisóstomo, In Gn., 3,8 (hom. 17, 1): PG 53, 134. "Attemperatio", em grego synkatábasis.

## Capítulo IV
# O ANTIGO TESTAMENTO

### A história da salvação nos livros do Antigo Testamento

**14.** Deus, no seu grande amor, planejando e preparando com solicitude a salvação de todo o gênero humano, escolheu por especial providência um povo a quem confiar as suas promessas. Tendo estabelecido a aliança com Abraão (cf. Gn 15,18) e com o povo de Israel por meio de Moisés (cf. Ex 24,8), de tal modo se revelou, com palavras e obras, a esse povo eleito, como único Deus verdadeiro e vivo, que Israel conheceu por experiência os caminhos de Deus a respeito dos homens, os compreendeu cada vez mais profunda e claramente ouvindo o mesmo Deus falar pela boca dos profetas, e os tornou cada vez mais conhecidos entre as nações (cf. Sl 21,28-29; 95,1-3; Is 2,1-4; Jr 3,17). A economia da salvação, predita, descrita e desenvolvida pelos autores sagrados, encontra-se nos livros do Antigo Testamento como verdadeira Palavra de Deus. Por isso, estes livros divinamente inspirados conservam valor perene: "Ora, tudo quanto o que se escreveu no passado é para nosso ensinamento que foi escrito, a fim de que, pela perseverança e pela consolação que nos proporcionam as Escrituras, tenhamos a esperança" (Rm 15,4).

## Importância do Antigo Testamento para os cristãos

**15.** A "economia" do Antigo Testamento destinava-se sobretudo a preparar, a anunciar profeticamente (cf. Lc 24,44; Jo 5,39; 1Pd 1,10) e a significar com várias figuras (cf. 1Cor 10,11) o advento de Cristo, redentor universal, e o advento do Reino messiânico. E os livros do Antigo Testamento, segundo a condição do gênero humano antes da era da salvação operada por Cristo, manifestam a todos o conhecimento de Deus e do homem, e o modo como Deus, justo e misericordioso, trata os homens. Tais livros, apesar de conterem também coisas imperfeitas e passageiras, revelam uma verdadeira pedagogia divina.[1] Por isso, os fiéis devem recebê-los com devoção, pois exprimem um vivo sentido de Deus, contêm ensinamentos sublimes sobre Deus, uma útil sabedoria sobre o que é a vida humana, bem como admiráveis tesouros de preces; neles está oculto, finalmente, o mistério da nossa salvação.

---

[1] Pio XI, Enc. Mit brennender Sorge, 14 mar. 1937: AAS 29 (1937) 151.

## Unidade dos dois Testamentos

**16.** Foi por isso que Deus, inspirador e autor dos livros dos dois Testamentos, dispôs sabiamente que o Novo Testamento estivesse escondido no Antigo, e o Antigo se tornasse claro no Novo.[2] Pois, apesar de Cristo ter alicerçado a Nova Aliança no seu sangue (cf. Lc 22,20; 1Cor 11,25), os livros do Antigo Testamento, integralmente aceitos na pregação evangélica,[3] adquirem e manifestam a sua significação completa no Novo Testamento (cf. Mt 5,17; Lc 24,27; Rm 16,25-26; 2Cor 3,14-16), que por sua vez o iluminam e explicam.

---

[2] Santo Agostinho, Quaest. in Hept., 2, 73: PL 34, 623.

[3] Santo Ireneu, Adv. Haer. III, 21, 3: PG 7, 950: (= 25, 1: Harvey 2, p. 115); S. Cirilo de Jerusalém, Catech., 4, 35: PG 33, 497; Teodoro de Mopsuesta, In Soph., 1, 4-6: PG 66, 452 D-453 A.

## Capítulo V

# O NOVO TESTAMENTO

### Excelência do Novo Testamento

**17.** A Palavra de Deus, que é poder de Deus para a salvação de todos os crentes (cf. Rm 1,16), apresenta-se de maneira especial nos escritos do Novo Testamento e neles manifesta o seu vigor. Quando chegou a plenitude dos tempos (cf. Gl 4,4), o Verbo fez-se carne e habitou entre nós, cheio de graça e verdade (cf. Jo 1,14). Cristo estabeleceu o Reino de Deus na terra, manifestou com obras e palavras o Pai e a sua mesma pessoa, e levou a cabo a sua obra morrendo, ressuscitando e subindo glorioso ao céu, e, finalmente, enviando o Espírito Santo. Sendo levantado da terra, atrai todos a si (cf. Jo 12,32, gr.), ele, o único que tem palavras de vida eterna (cf. Jo 6,68). Este mistério não foi, porém, revelado às gerações precedentes, como agora aos seus santos Apóstolos e profetas no Espírito Santo (cf. Ef 3,4-6, gr.), para que estes pregassem o Evangelho, despertassem a fé em Jesus, Cristo e Senhor, e congregassem a Igreja. De todas estas coisas são testemunho perene e divino os escritos do Novo Testamento.

## Origem apostólica dos Evangelhos

**18.** Ninguém ignora que, entre todas as Escrituras mesmo do Novo Testamento, têm os Evangelhos o primeiro lugar, enquanto são o principal testemunho da vida e doutrina do Verbo encarnado, nosso Salvador.

A Igreja defendeu e defende, sempre e em toda a parte, a origem apostólica dos quatro Evangelhos. Aquilo que os Apóstolos, por ordem de Cristo, pregaram, depois os mesmos Apóstolos e os varões apostólicos transmitiram-no por escrito, sob a inspiração do Espírito divino, como fundamento da fé: é o Evangelho quadriforme, segundo Mateus, Marcos, Lucas e João.[1]

## Caráter histórico dos Evangelhos

**19.** A santa mãe Igreja defendeu e defende, firme e constantemente, que estes quatro Evangelhos, cuja historicidade afirma sem hesitar, transmitem com fidelidade o que Jesus, Filho de Deus, realmente operou e ensinou para a salvação eterna dos homens, durante a sua vida terrena até ao dia em que foi elevado ao céu (cf. At 1,1-2). Os Apóstolos, depois da ascensão do Senhor, transmitiram aos seus ouvintes o que ele tinha dito e feito, com aquela inteligência mais plena que, instruídos pelos eventos gloriosos de Cristo e iluminados pela luz

---

[1] Cf. Santo Ireneu, Adv. Haer. III, 11, 8: PG 7, 885; ed. Sagnard, p. 194.

do Espírito da verdade,[2] agora possuíam.[3] E os autores sagrados escreveram os quatro Evangelhos, escolhendo alguns dados dentre os muitos transmitidos de palavra ou por escrito, sintetizando uns, desenvolvendo outros, segundo o estado das várias igrejas, conservando o caráter de pregação, mas de tal forma que sempre nos comunicassem sobre Jesus coisas verdadeiras e sem engano.[4] Quer relatassem aquilo de que se lembravam bem, quer se baseassem no testemunho daqueles "que desde o princípio viram e foram ministros da palavra", escreveram sempre com intenção de nos dar a conhecer a "verdade" dos ensinamentos a respeito dos quais fomos instruídos (cf. Lc 1,2-4).

## Os outros escritos do Novo Testamento

**20.** O cânone do Novo Testamento encerra, além dos quatro Evangelhos, as Epístolas de São Paulo e outros escritos apostólicos redigidos por inspiração do Espírito Santo. Segundo o plano da sabedoria divina, confirmam o que diz respeito a Cristo Senhor, explicam mais ainda a sua genuína doutrina, dão a conhecer o poder salvífico da obra divina de Cristo, narram os

---

[2] C. Jo 14,26; 16,13.

[3] Jo 2,22; 12,16; cf. 14,26; 16,12-13; 7,39.

[4] Cf. Instrução Sancta Mater Ecclesia, da Pontifícia Comissão Bíblica: AAS 56 (1964) 715.

começos da Igreja e a sua admirável difusão, e anunciam a sua consumação gloriosa.

Com efeito, o Senhor Jesus assistiu os seus Apóstolos como tinha prometido (cf. Mt 28,20) e enviou-lhes o Espírito Santo, que os devia introduzir na plenitude da verdade (cf. Jo 16,13).

## Capítulo VI
# A SAGRADA ESCRITURA NA VIDA DA IGREJA

### A Igreja venera a Sagrada Escritura

**21.** A Igreja sempre venerou as divinas Escrituras, como também o próprio corpo do Senhor; sobretudo na sagrada liturgia, nunca deixou de tomar e distribuir aos fiéis, da mesa tanto da Palavra de Deus como do corpo de Cristo, o pão da vida. Sempre considerou as divinas Escrituras e continua a considerá-las, juntamente com a Sagrada Tradição, como regra suprema da sua fé; elas, com efeito, inspiradas como são por Deus e escritas uma vez para sempre, continuam a dar-nos imutavelmente a palavra do próprio Deus, e fazem ouvir a voz do Espírito Santo através das palavras dos profetas e dos Apóstolos. É preciso, pois, que, do mesmo modo que a religião cristã, também a pregação eclesiástica seja alimentada e dirigida pela Sagrada Escritura. Com efeito, nos Livros Sagrados, o Pai que está nos céus vem amorosamente ao encontro dos seus filhos, para conversar com eles; e é tão grande a força e virtude da Palavra de Deus, que fornece à Igreja o apoio vigoroso, aos filhos da Igreja a solidez na fé, e constitui alimento da alma, fonte pura e perene da vida espiritual. Por isso se deve aplicar por excelência à Sagrada Escritura o que foi dito: "A Palavra de Deus é viva e eficaz" (Hb 4,12), e "tem o poder de edificar e de vos dar a herança entre todos os santificados" (cf. At 20,32; 1Ts 2,13).

## As traduções devem ser esmeradas

**22.** É preciso que os fiéis tenham amplo acesso à Sagrada Escritura. Por esta razão, a Igreja logo desde os começos fez sua aquela tradução grega antiquíssima do Antigo Testamento nomeada dos Setenta; e continua a ter em grande apreço as outras traduções, quer orientais quer latinas, sobretudo a chamada Vulgata. Mas, visto que a Palavra de Deus deve estar sempre ao dispor de todos e em todos os tempos, a Igreja procura com solicitude maternal que se façam traduções esmeradas e fiéis nas várias línguas, sobretudo a partir dos textos originais dos Livros Sagrados. Se, por motivos de conveniência e com a aprovação da autoridade da Igreja, essas traduções se vierem a fazer em colaboração com os irmãos separados, poderão ser usadas por todos os cristãos.

## O dever apostólico dos estudiosos

**23.** Esposa do Verbo encarnado, a Igreja esforça-se, guiada pelo Espírito Santo, por conseguir sempre inteligência mais profunda das Sagradas Escrituras, para alimentar continuamente os seus filhos com as palavras divinas; por isso fomenta também o estudo dos santos Padres do Oriente e do Ocidente, bem como das sacras liturgias. Em diligente colaboração e utilizando os meios convenientes, devem os exegetas católicos e demais teólogos investigar e explicar as divinas Letras, sob a vigilância do sagrado Magistério, de tal maneira que o maior número possível de ministros da palavra divina possa oferecer frutuosamente ao povo de Deus o alimento das Escrituras, para iluminar as inteligências, robustecer as vontades, inflamar os corações dos homens no amor de Deus.[1] O Sagrado Concílio encoraja os filhos da Igreja, cultores das ciências bíblicas, a que, sempre com energias novas, prossigam na empresa a que em boa hora se consagraram, dedicando-lhe o melhor zelo segundo o sentir da mesma Igreja.[2]

---

[1] Cf. Pio XII, Enc. Divino afflante: EB 551, 553, 567; Pontifícia Comissão Bíblica, Instructio de S. Scriptura in Clericorum Seminariis et Religiosorum Collegiis recte docenda, 13 maio 1950: AAS 42 (1950) 495-505.

[2] Cf. Pio XII, ibid.: EB 569.

# Importância da Sagrada Escritura para a teologia

**24.** A sagrada Teologia apoia-se na Palavra de Deus escrita e juntamente na sagrada Tradição, como em seu fundamento perene; nelas encontra toda a sua firmeza e sempre rejuvenesce, investigando, à luz da fé, toda a verdade encerrada no mistério de Cristo. As Sagradas Escrituras contêm a Palavra de Deus, e, pelo fato de serem inspiradas, são verdadeiramente a Palavra de Deus; por isso o estudo destes Sagrados Livros deve ser como que a alma da sagrada Teologia.[3] Também o ministério da palavra, isto é, a pregação pastoral, a catequese e toda a instrução cristã, na qual a homilia litúrgica deve ter lugar principal, encontra alimento são e vigor santo na mesma palavra da Escritura.

## Recomenda-se a leitura da Sagrada Escritura

**25.** É necessário, por isso, que todos os clérigos, sobretudo os sacerdotes de Cristo, mas também os restantes que, como os diáconos e os catequistas, são encarregados do ministério da palavra, mantenham contato íntimo com as Escrituras, mediante leitura assídua e estudo aturado, a fim de que nenhum deles se

---

[3] Cf. Leão XIII, Enc. Providentissimus: EB 114; Bento XV, Enc. Spiritus Paraclitus: EB 483.

torne "por fora pregador vão da Palavra de Deus, sem dentro a ouvir",[4] uma vez que, sobretudo nas cerimônias litúrgicas, têm obrigação de comunicar, aos fiéis que lhes estão confiados, as grandíssimas riquezas da palavra divina. Do mesmo modo, o Sagrado Concílio exorta, de maneira insistente e particular, todos os fiéis, mormente os religiosos, a que aprendam "a eminente ciência de Jesus Cristo" (Fl 3,8) com a leitura frequente das divinas Escrituras. "O desconhecimento das Escrituras é o desconhecimento de Cristo."[5] De boa vontade tomem contato com o próprio texto, quer através da sagrada liturgia, rica de palavras divinas, quer pela leitura espiritual, quer por meio de cursos apropriados e outros meios que nos tempos atuais se vão espalhando tão louvavelmente por toda a parte, com a aprovação e estímulo dos Pastores da Igreja. Lembrem-se, porém, que a oração deve acompanhar a leitura da Sagrada Escritura, para que haja colóquio entre Deus e o homem; pois "com ele falamos quando rezamos, e a ele ouvimos quando lemos os divinos oráculos".[6]

Compete aos sagrados Pastores, "depositários da doutrina apostólica",[7] ensinar convenientemente os

---

[4] Santo Agostinho, Serm. 179, 1: PL 38, 966.

[5] S. Jerônimo, Comm. in Is. Prol.: PL 24, 17; — Cf. Bento XV, Enc. Spiritus Paraclitus: EB 475-480; Pio XII, Enc. Divino afflante: EB 544.

[6] Santo Ambrósio, De officiis ministrorum I, 20, 88: PL 16, 50.

[7] Santo Ireneu, Adv. Haer. IV, 32,1: PG 7,1071; (= 49, 2: Harvey, 2, p. 255).

fiéis, que lhes estão confiados, a usarem como devem os livros divinos, de modo particular o Novo Testamento e sobretudo os Evangelhos. Isto por meio de traduções dos textos sagrados, acompanhados das explicações necessárias e verdadeiramente suficientes, para que os filhos da Igreja se familiarizem, de modo seguro e útil, com a Sagrada Escritura e se embebam do seu espírito.

Além disso, para uso também dos não cristãos, façam-se edições da Sagrada Escritura, munidas das convenientes anotações e adaptadas às condições deles; e tanto os Pastores de almas como os cristãos de qualquer estado procurem difundi-las com zelo e prudência.

## Conclusão

**26.** Deste modo, pois, com a leitura e o estudo dos Livros Sagrados, "difunda-se a Palavra de Deus e seja acolhida com honra" (2Ts 3,1), e cada vez mais encha o coração dos homens o tesouro da Revelação, confiado à Igreja. Assim como a vida da Igreja cresce com a assídua frequência do Mistério Eucarístico, assim é lícito esperar também novo impulso de vida espiritual, do aumento de veneração pela Palavra de Deus, que "permanece para sempre" (Is 40,8; cf. 1Pd 1,23-25).

## Promulgação

Todas e cada uma das coisas que nesta Constituição se incluem agradaram aos Padres do Sagrado Concílio. E nós, pela autoridade apostólica que nos concedeu Cristo, juntamente com os veneráveis Padres, as aprovamos no Espírito Santo, as decretamos e estabelecemos; e, para glória de Deus, mandamos promulgar o que o Concílio estabeleceu.

*Roma, junto de São Pedro,*
*aos 18 de novembro de 1965.*
*Eu, Paulo, Bispo da Igreja Católica*

(Seguem-se as assinaturas dos Padres Conciliares)

# SUMÁRIO

Proêmio .................................................................. 5

Capítulo I
A Revelação ............................................................ 7

Capítulo II
A transmissão da Revelação Divina............................. 13

Capítulo III
A inspiração divina e a interpretação
da Sagrada Escritura ................................................ 19

Capítulo IV
O Antigo Testamento ............................................... 23

Capítulo V
O Novo Testamento ................................................. 27

Capítulo VI
A Sagrada Escritura na vida da Igreja......................... 31

Rua Dona Inácia Uchoa, 62
04110-020 – São Paulo – SP (Brasil)
Tel.: (11) 2125-3500
paulinas.com.br – editora@paulinas.com.br
Telemarketing e SAC: 0800-7010081